O ANTIGO EGITO

UMA VIAGEM AOS CONFINS DA HISTÓRIA

DESCUBRA OS MISTÉRIOS DE UMA CIVILIZAÇÃO INCRÍVEL!

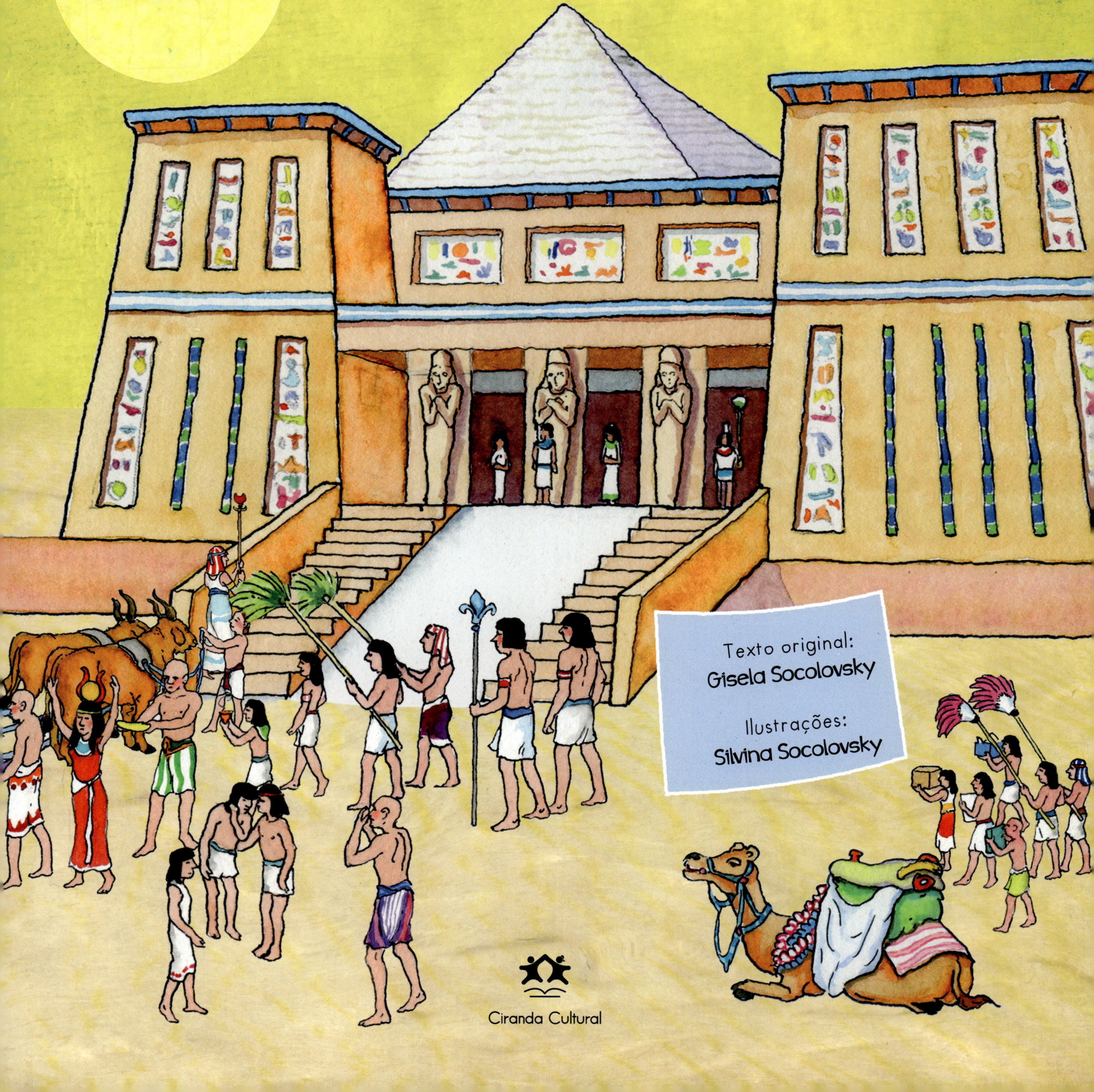

Texto original:
Gisela Socolovsky

Ilustrações:
Silvina Socolovsky

Ciranda Cultural

AS PIRÂMIDES DO EGITO

TUMBAS PARA A ETERNIDADE

Com certeza, você já as viu em filmes ou na internet.

Os egípcios **acreditavam na vida após a morte**. Por isso, construíram pirâmides, tumbas majestosas para os faraós.

Estes monumentos eram parte de um **conjunto funerário**, onde enterravam um membro da família real e lhe cultuavam como a um deus.

AS TUMBAS DOS FARAÓS

Dentro delas, bem escondido, **descansava o corpo embalsamado de um faraó**. Além disso, havia tesouros que serviam como oferendas aos deuses, e também como alimentos e ajuda em **sua vida após a morte**.

ORAÇÕES AOS DEUSES

"OH, ATUM, PONHA SEUS **BRAÇOS** AO REDOR DESTE GRANDE REI."

Com orações como essas, **pediam aos deuses** que cuidassem do faraó em sua viagem ao além.

JÁ VIAJOU AO EGITO?

Se você já viu as pirâmides ao vivo e em cores, você tem sorte. Se não foi, ainda há tempo! **Faz quase 4 mil anos** que elas foram construídas, no meio do deserto. Foram muito bem-feitas!

CHEIAS DE SEGREDOS

Galerias e paraísos secretos, túneis e câmaras falsas... Estes monumentos imensos escondem grandes mistérios que até hoje não foram solucionados.

São o símbolo mais representativo dessa civilização.

OBRA GIGANTESCA

Estas construções são tão grandiosas que, quando desejamos falar que algo é muito grande e trabalhoso, costumamos dizer que é uma **obra faraônica**.

ALINHADAS COM AS ESTRELAS

Acredita-se que as três pirâmides de Gizé estavam **alinhadas com a constelação de Órion.**

PROFANADORES DE TUMBAS

As pirâmides eram muito tentadoras para os ladrões. Claro! **Dentro delas, havia muitos tesouros,** objetos de ouro e outros pertences do rei.

COMO FORAM CONSTRUÍDAS

Utilizavam **blocos de pedra enormes,** trazidos de **pedreiras próximas.** Os faraós mandavam construir a obra em sua juventude e a supervisionavam durante toda a sua vida, para que estivesse pronta na ocasião de sua morte. Cada faraó fazia a pirâmide de acordo com seu gosto.

MATEMÁTICA PURA

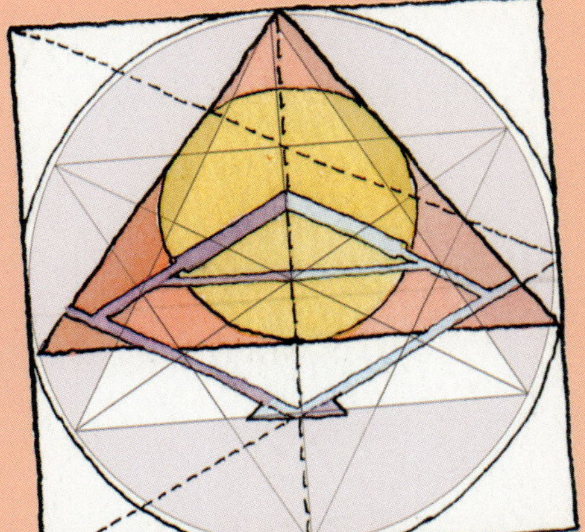

Quem projetou as pirâmides conhecia muito bem a matemática. Segundo os cientistas, **as proporções e as medidas são perfeitas.** Os engenheiros modernos as analisam e não sabem explicar como foram construídas.

O RIO DA VIDA
O NILO

Graças a este rio, um dos mais longos do mundo, nasceu a civilização do Egito Antigo.

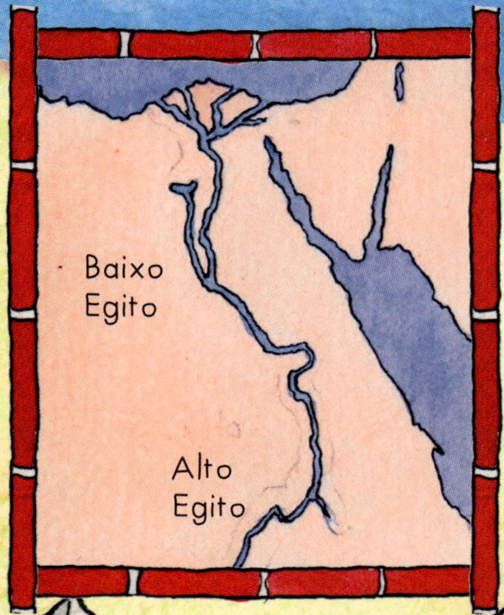

COLUNA VERTEBRAL DO EGITO

O Nilo atravessa todas as terras egípcias e desemboca **no Mediterrâneo,** formando um precioso delta.

MAR DE AREIA

Um deserto enorme cerca o Egito: o **deserto do Saara.** Suas areias não convidavam ninguém a se instalar ali.

INUNDAÇÕES

Quando o Nilo inundava as terras ao redor, ele as tornava **extremamente férteis.** Ao descobrirem isso, os **caçadores nômades** se fixaram ali.

MUDANÇA DE VIDA

Aprenderam a cultivar e a domesticar animais, e se **transformaram em agricultores sedentários.**

DE POVO A IMPÉRIO

Já não precisavam mais se mudar de um lugar para outro para se abastecer de alimentos. **Fixaram-se às margens do rio Nilo,** formando pequenos povoados, que logo se converteram em cidades enormes e poderosas.

RIO MÁGICO

Todo verão, o Nilo aumentava de tamanho, por causa **dos degelos e das chuvas** que ocorriam nas montanhas do sul, a milhares de quilômetros do Egito.

DEUS DO NILO

Quando subiam as águas do Nilo, os egípcios acreditavam que **Hapi**, o deus do Nilo, sorria para eles.

TRÊS ETAPAS PARA CULTIVAR

A expansão do rio marcava três momentos da agricultura:

1. Inundação
2. Cultivo
3. Colheita

O Nilo era uma fonte de vida importantíssima para os egípcios.

TERRA NEGRA, TERRA VERMELHA

Havia duas áreas bem diferentes: a área da **terra negra**, ou "kemet", e a da **terra vermelha**, ou "desheret".

A **terra vermelha** era desértica, e nela foram construídos templos e tumbas. A **terra negra** era fértil e apta para o cultivo.

CANALIZAR A ÁGUA

Diques e canais foram construídos para controlar as águas e levá-las a outras terras para **irrigar as plantações**. **Essas obras** tinham de ser mantidas em perfeitas condições. **Eram administradas pelo Estado**, e nelas trabalhavam muitas pessoas.

SHADUF

CANAIS

NILÔMETRO

Para **medir os níveis das águas**, os egípcios inventaram o nilômetro.

ÀS MARGENS DO RIO

O Nilo era a única fonte de água doce...

Em suas águas e ao redor delas, aconteciam **muitas atividades.**

Aqui estão algumas das mais importantes.

PAPIRO

Esta planta que crescia no delta do Nilo era **muito valiosa** para os egípcios. Foi **usada** para fazer **uma infinidade de coisas.**

AS FOLHAS DE PAPIRO ERAM FEITAS ASSIM

COLHEITA

Depois de colher as plantas, **eles as amarravam** e, então, removiam sua casca e as deixavam de **molho.**

AGRICULTURA

Foi uma das principais atividades do Antigo Egito. Graças a ela, **nasceu essa civilização.**

PESCA

Os egípcios dominavam muitas técnicas de pesca: usavam redes, arpões e varas com anzóis. As águas do Nilo eram **cheias de peixes.**

OBRAS HIDRÁULICAS

Faziam muitas **obras de engenharia:** diques, reservatórios, canais e sistemas de irrigação, para aproveitarem melhor a água.

UMA VERDADEIRA ESTRADA

... e a principal via de comunicação do Antigo Egito.

Pelo Nilo, deslocava-se uma **grande variedade de embarcações.**

CAÇA A HIPOPÓTAMOS

Os **egípcios caçavam em grupos** e usavam lanças. Os animais selvagens eram agressivos e podiam virar as barcas.

VOE!

Caçavam aves selvagens, garças e patos. Para isso, as pessoas lançavam **bastões voadores.**

Até mesmo durante as secas havia água suficiente para transitar com balsas e canoas.

ROTA COMERCIAL

O rio se tornou uma excelente via para **comprar e vender** todo tipo de mercadoria. Isso trouxe muita riqueza ao Egito, que chegou a ser um país muito poderoso.

BARCOS E BARQUINHOS

Veja só quantos tipos de barco existiam!

Barco funerário

Barco de viagem

Barca real

Barco de transporte

CAÇA A CROCODILOS

A AGRICULTURA

UM POVO DE FAZENDEIROS

QUASE TODOS OS EGÍPCIOS ERAM CAMPONESES.

O POVOADO

A população vivia **perto dos campos de cultivo**, e construía as casas acima do nível de inundação. Quando o rio estava baixo, precisava andar bastante para chegar à água.

CALENDÁRIO DAS ÁGUAS:

PERIGO DE CATÁSTROFE

A cada dez anos, ocorriam inundações impressionantes, capazes de alcançar as aldeias.

COMO SEMEAVAM

Enquanto um arava a terra com a ajuda de bois, outro jogava as sementes, que eram enterradas. Assim, **os pássaros não conseguiam comê-las.**

A PLANTAÇÃO

Primeiro, plantavam **os cereais**: trigo e cevada.

Cortavam os talos, coletavam as espigas e as debulhavam **com a ajuda do gado.**

O SUCESSO DAS PLANTAÇÕES...

... dependia de muitos fatores:

IRRIGAÇÃO E MANUTENÇÃO

Para uma **irrigação adequada**, tinham de **consertar os canais** que todo ano eram destruídos pelas inundações.

SAAAAI BICHOOO!

Precisavam **enfrentar as pragas e outros animais** que arruinavam suas plantações: lagostas, sapos, aves e até hipopótamos. Sabia que foram os egípcios que inventaram os **espantalhos**?

TRABALHO DURO

Toda **a família participava** das atividades agrícolas, que variavam de acordo com a época do ano. Passavam o dia todo trabalhando no campo.

Os camponeses eram explorados pelos donos das terras. Tinham de pagar **impostos muito altos**.

Três etapas para cultivar

INUNDAÇÃO

No verão, o Nilo inundava o vale. Os camponeses não podiam trabalhar nas terras porque os campos ficavam embaixo d'água.

MEDIÇÃO DAS TERRAS

Todo ano, a água das inundações borrava as delimitações dos campos. Os **agrimensores** mediam com cordas e anotavam para atribuir **a cada camponês** sua terra.

SEMEADURA

No outono, o nível das águas baixava. Todos os campos ficavam cobertos de barro fértil: **o lodo**.

FERRAMENTAS

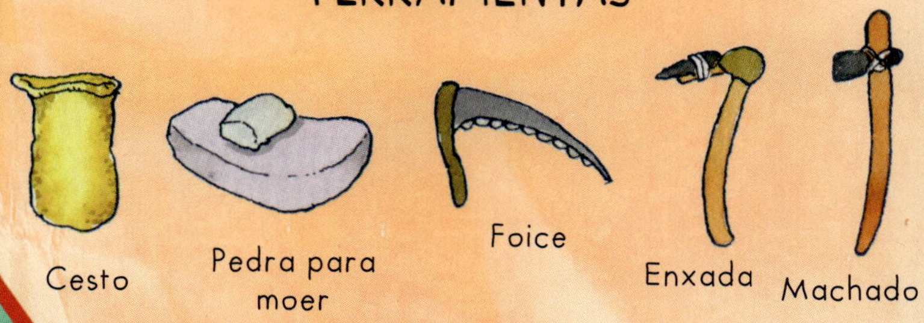

LODO

Era um barro muito macio e fácil de manipular.

COLHEITA

Na primavera, vinha a estação seca, o momento da colheita. Separavam a casca do trigo, jogando-o para o alto.

O QUE CULTIVAVAM?

Cereais: trigo, cevada e aveia.
Legumes e vegetais: lentilha, grão-de-bico, feijão, cebola, pepino, abóbora, alho-poró e alface.
Frutos: melão, tâmara, figo e alfarroba.
Outras culturas: linho, cana e papiro.

DEUSES E DEUSAS

Os egípcios adoravam cerca de 700 deuses diferentes!

Estavam em toda parte, no **mar**, no **ar**, na **terra** e até no **reino dos mortos**. A maioria tinha **corpo de humano** e **cabeça de um animal**.

Aqui, apresentamos alguns dos **mais conhecidos**.

RÁ
Deus do Sol e da vida. Criador do universo. Tinha cabeça de falcão e um disco solar. Era o **deus mais importante** do Império Antigo.

MAAT
Deusa **do equilíbrio, da justiça e da harmonia** do universo.
Era filha do deus Rá.

OSÍRIS
Deus dos mortos. Era ele que **julgava os mortos** em sua jornada na direção da vida após a morte.

AMÓN
Deus do vento e dos segredos. Era o principal deus na cidade de Tebas. Acreditava-se que ele **protegia os navegantes**.

TOT
Deus da sabedoria. Era encarregado de **pesar o coração** dos mortos que seguiam para o julgamento de Osíris.

HÓRUS
Deus do céu. Seus olhos eram a Lua e o Sol. Era um homem-falcão com uma coroa dupla que representava os dois reinos: o Alto e o Baixo Egito.

UMA GRANDE FAMÍLIA

Muitos eram filhos, irmãos ou esposos uns dos outros.

Os egípcios chamavam o **Sol de três maneiras** diferentes:

Ao amanhecer, era **Khepri.**

Durante o dia, enquanto iluminava a Terra, era **Rá.**

Ao entardecer, era **Atum,** um velho barbudo.

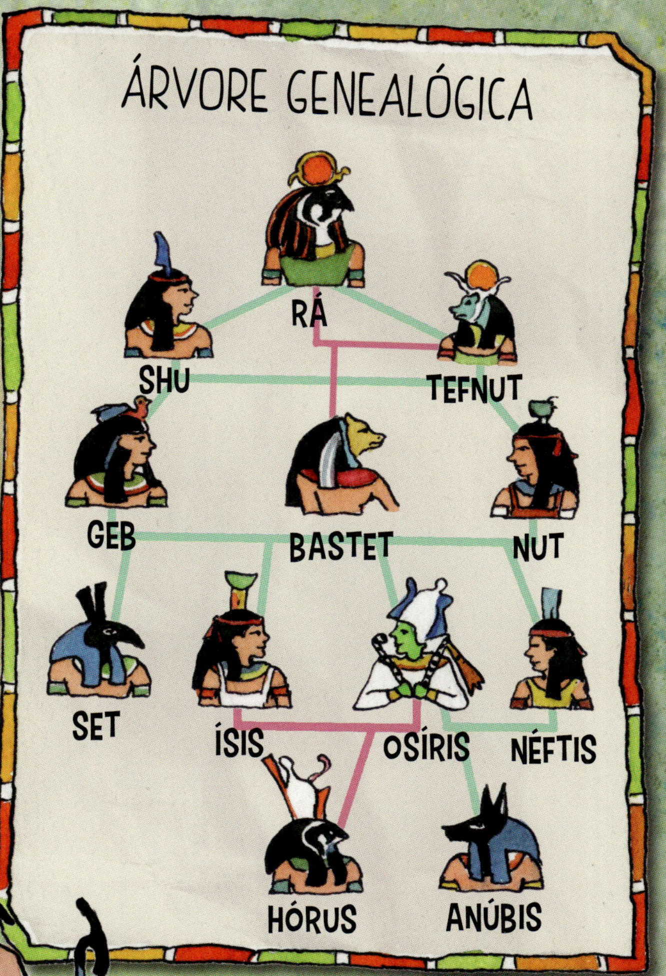

ÍSIS
Mãe dos deuses. **Deusa da fertilidade, do amor e da magia.** Símbolo da mulher, da mãe e da esposa ideal. Era muito popular.

ÍSIS

SET

SET
Deus do mal, da violência, da seca. Era macabro. Matou o irmão, Osíris, por inveja. Foi banido para o deserto. Com sua voz de trovão, invocava as forças destruidoras.

HÓRUS

HATOR
Deusa da alegria, do **amor, da dança e da música.** Uma das mais reverenciadas, assim como Ísis. Na cabeça, tinha dois chifres de vaca segurando o disco solar.

HATOR

ANÚBIS
Deus das múmias e guardião das tumbas e necrópoles. **Guiava os mortos para o julgamento de Osíris.** Tinha uma cabeça de chacal.

ANÚBIS

ASSIM NASCEU O UNIVERSO
LENDA DA CRIAÇÃO

Uma das **mais famosas** é:

1. **No início dos tempos**, não existia a noite, nem o dia, nem a terra nem o céu, nem os deuses nem os homens.

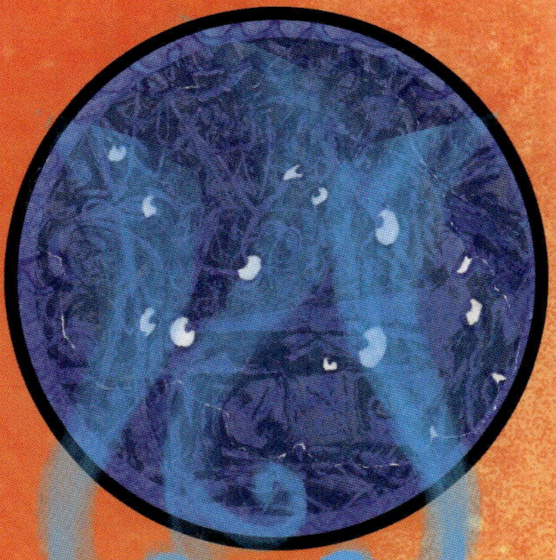

Só havia um oceano infinito e escuro, que os egípcios chamavam de **Nun**, o qual continha todos os elementos do universo.

DIVERSOS MITOS E LENDAS

Narram **as histórias dos deuses** e dos habitantes do Antigo Egito. Às vezes, as coisas que contam são contraditórias.

2. O espírito do mundo estava solto **no caos**. Até que se deu conta disso e se nomeou. Assim **nasceu Rá**, o grande deus do Sol.

3. Como estava sozinho, **Rá criou do seu fôlego Shu**, o vento, e **de sua saliva criou Tefnut**, a umidade, e a eles que vivessem do outro lado do oceano, Nun.

4. Depois, Rá fez surgir uma ilha, que chamou de **Egito**.

5. Pensou: "Como surgiu das águas, viverá delas". E criou o **rio Nilo**.

6. Mais tarde, criou todas **as plantas e os animais**, a partir de Nun.

Contos que contam...

7. Shu e Tefnut tiverem dois filhos: **Geb**, o deus da terra, e **Nut**, a deusa do céu. Geb e Nut se casaram; assim, o céu ficou sobre a terra.

8. **Shu** devia manter os dois separados para **evitar o caos no universo.** E assim o fez, erguendo o céu sobre sua cabeça e mantendo a terra sob seus pés.

9. Embora Shu tenha tentado impedi-los, Geb **e Nut tiveram muitas filhas: as estrelas.**

10. Além disso, dessa união **nasceram quatro deuses:** Osíris, Set, Néftis e Ísis.

11. Todo dia, **Rá atravessava o céu** em uma barca, que flutuava sobre Nut, transportando o Sol por cima da terra durante doze horas.

12. Toda noite, **Nut o engolia.** Tinha, então, de **atravessar o inferno (Duat)** e vencer a **serpente Apep.** Se ele fosse bem--sucedido, nascia um novo dia.

O deus Set ajudava Rá em sua luta contra a serpente.

A VIDA DEPOIS

Os egípcios do passado acreditavam que podiam ser imortais.

Para eles, morrer não era desaparecer! Era acabar a vida na Terra para reiniciá-la na **eternidade**.

TINHAM DE VENCER UMA SÉRIE DE PROVAS...
Se a alma fosse pura, ela alcançaria a vida eterna viajando em uma barca. Ali, voltaria a se unir ao seu corpo. Por isso, o corpo precisava ser mumificado.

UM FUNERAL DE LUXO

EM HOMENAGEM AO FARAÓ

Preparavam uma cerimônia majestosa. A **procissão acompanhava o esquife** do morto, já mumificado, **até sua tumba.**

À frente, ia um sacerdote, que geralmente era **filho do faraó**. Alguns nobres e autoridades também podiam ir à frente.

O trenó que carregava o **sarcófago** era puxado por bois. A arca dourada continha **vasos canópicos** com as vísceras.

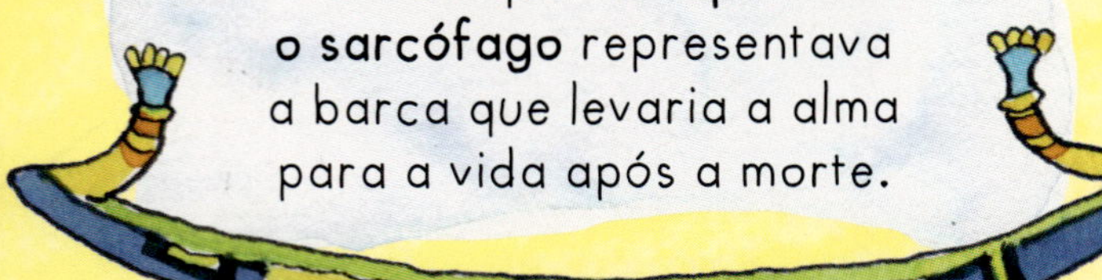

A BARCA DA MÚMIA

O barco que **transportava o sarcófago** representava a barca que levaria a alma para a vida após a morte.

Duas sacerdotisas, representando Ísis e Néftis, acompanhavam o caixão.

Em seguida, vinham **familiares e amigos** do falecido monarca.

DA MORTE

Pirâmides

EM BUSCA DA ETERNIDADE

Desde muito jovens, os faraós **preparavam os rituais** para a ocasião de sua morte: mandavam construir **tumbas imensas**, encomendavam **um livro com feitiços** e invocações e até contratavam embalsamadores, que os transformariam em múmias!

Livro dos mortos

Embalsamadores

O **povo** não podia participar do funeral dos faraós.

SÓ PARA OS RICOS

Esses funerais luxuosos só eram possíveis **para os faraós e para os ricos.** As pessoas comuns eram enterradas em fossas normais, com uma breve despedida de seus familiares.

No final, tinham o **enxoval funerário**, com todos os objetos que acompanhariam os defuntos na vida após a morte.

Veja as **pranteadoras.** Eram mulheres que choravam enquanto jogavam poeira para cima, para demonstrarem sua dor. Elas se vestiam de azul.

O toque final era um grande **banquete fúnebre**, que unia os vivos e os mortos.

UMA FÁBRICA DE MÚMIAS

Sem dúvida, você já ouviu falar das **múmias**. Existem muitas lendas a respeito delas, que são cheias de **mistérios e maldições**.

POR QUE SE MUMIFICAVAM OS MORTOS?

Quando um faraó morria, o corpo precisava ser conservado. Para evitar a decomposição, **ele era embalsamado**. Assim, sua alma poderia se unir a ele **na vida após a morte**.

DESCUBRA!

COMO ERAM FEITAS

O **embalsamador-chefe** era o encarregado das cerimônias religiosas.

Usava uma **máscara de chacal**, como **Anúbis**, o deus dos mortos.

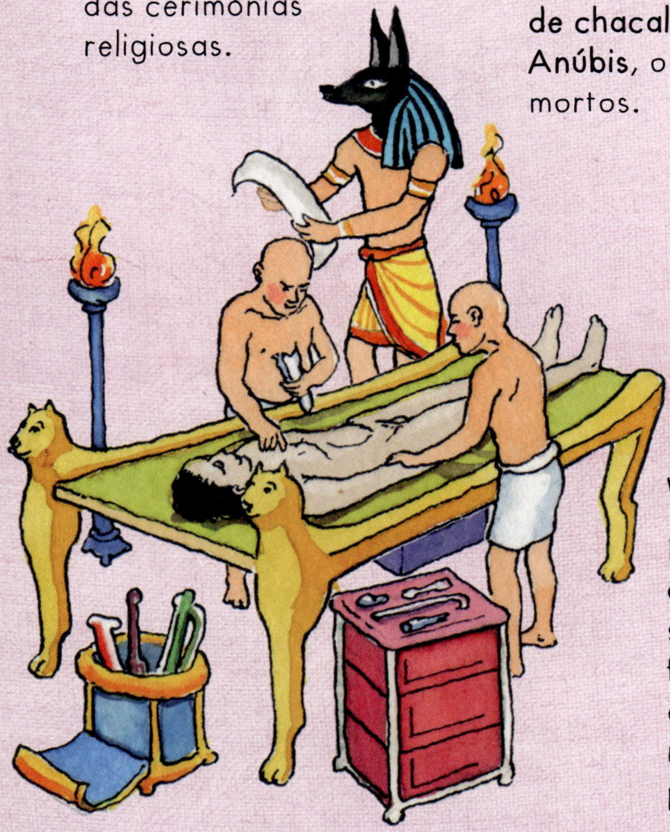

PURIFICAÇÃO

Para começar a viagem rumo à vida eterna, lavavam e purificavam o corpo **com água do Nilo**.

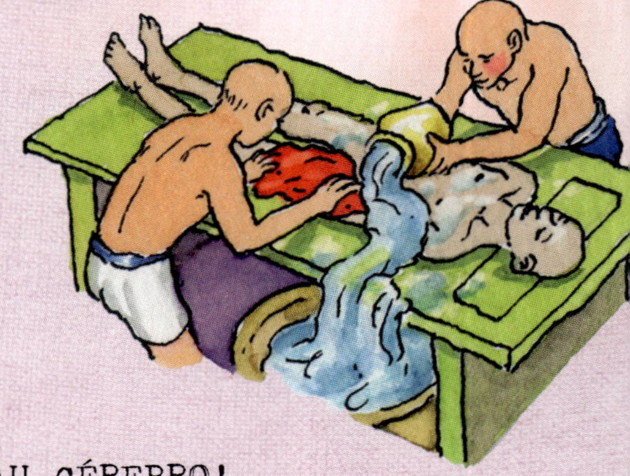

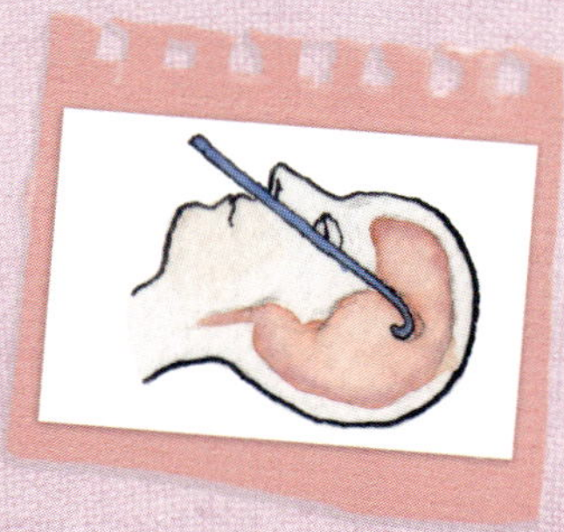

TCHAU, CÉREBRO!

Extraíam o cérebro por meio de uma perfuração no nariz. Ai!

E AS VÍSCERAS

Removiam os órgãos internos, **exceto o coração e os rins**, e os envolviam em linho.

VASOS CANÓPICOS

Nestes recipientes, **os órgãos eram conservados** separadamente: pulmões, fígado, intestino e estômago. As tampas representavam os **deuses protetores** de cada órgão.

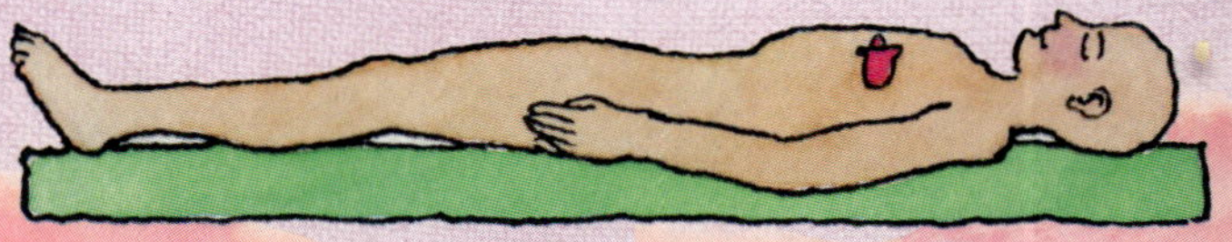

CORAÇÃO SAGRADO

Era importante que o coração não se separasse do corpo, pois nele ficavam **guardados** os **pensamentos** e as **emoções**.

ESCARAVELHO

Era **um amuleto**. Sabia que, às vezes, o coração era substituído por este besouro sagrado?

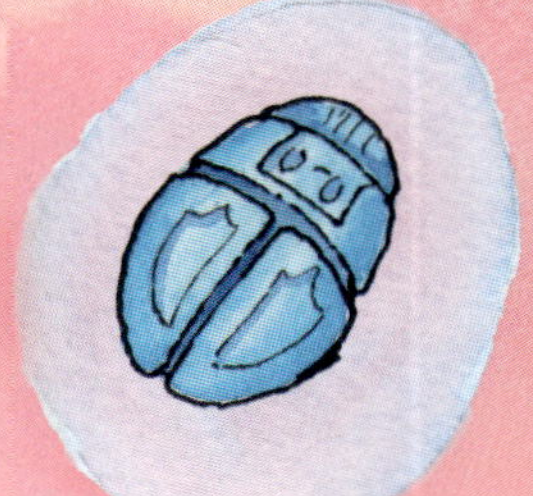

As múmias são corpos embalsamados de mortos.

MÚMIAS DE ANIMAIS DE ESTIMAÇÃO

Sabia que animais também eram mumificados? Muitas vezes, os faraós eram enterrados com seus bichinhos de estimação.

RITUAL FUNERÁRIO

Canções e invocações acompanhavam o ritual, que levava cerca de 15 dias.

Colocavam amuletos e papiros entre as bandagens para proteger o defunto em sua outra vida.

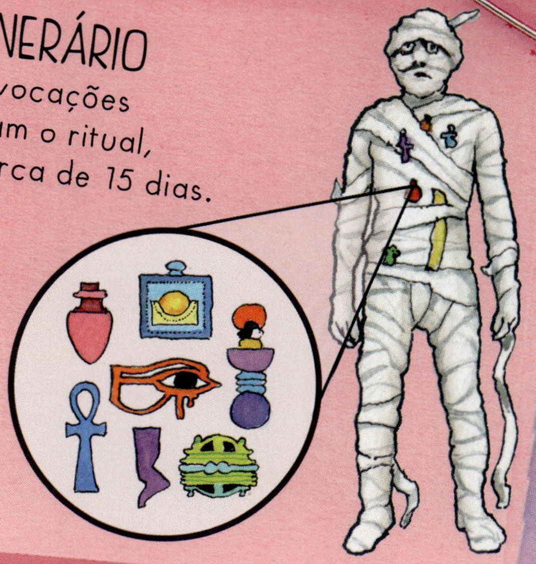

ENCHIMENTO

Lavavam e enchiam o corpo com **trapos impregnados de azeites** aromáticos.

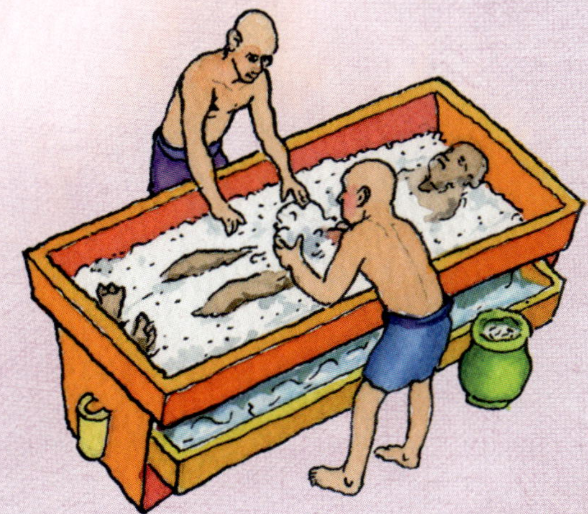

DISSECAÇÃO

O corpo era coberto com **natrão**, um sal do deserto. Após 40 dias, ele ficava bem sequinho!

Depois, lavavam de novo. Untavam os corpos com azeites, para deixar a pele mais flexível.

BANDAGENS

O corpo inteiro era envolvido em quase **400 metros de tiras de linho.** Começavam pelos dedos das mãos e dos pés. Faziam várias camadas, que eram **grudadas com resina.**

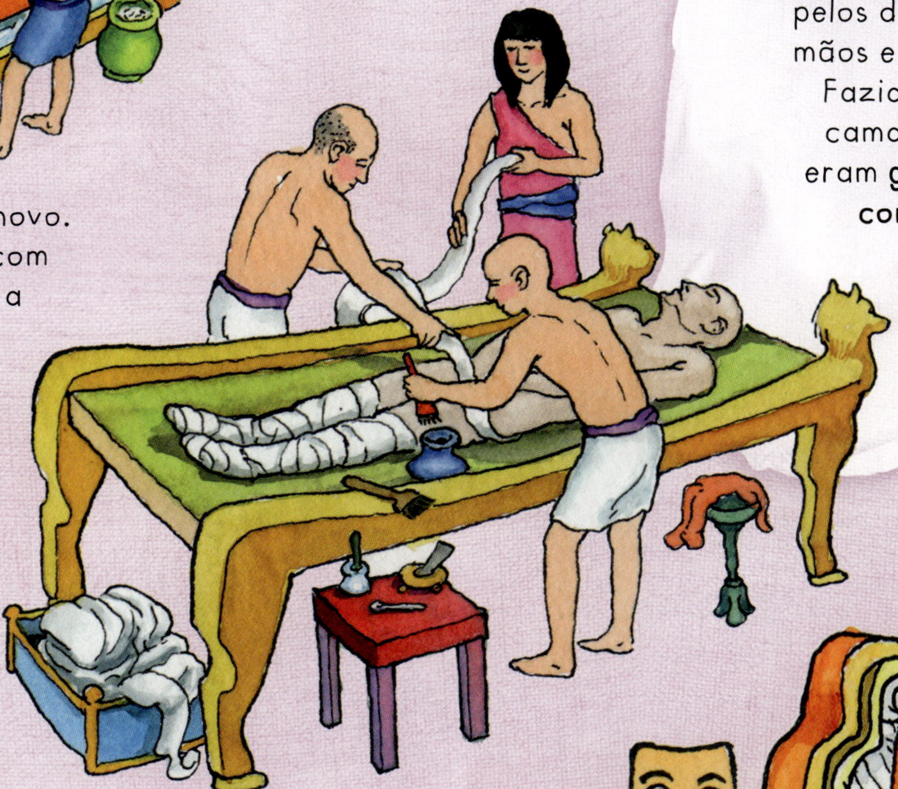

UMA MÚMIA NATURAL

As pessoas comuns eram enterradas **na areia do deserto**, a poucos metros de profundidade. O clima seco e quente as mumificava naturalmente.

CAIXÃO TRIPLO

Por fim, colocava-se na múmia **uma máscara** do faraó, então a punham em um **suhet**, um caixão decorado em forma de pessoa. Chegava a haver até três caixões, um dentro do outro.

O JULGAMENTO DE OSÍRIS
O REINO DOS MORTOS

Quando um homem morria, seu espírito chegava até esse reino. Devia então superar muitos perigos e **atravessar doze portões**, guardados pela **serpente Apep**.

Além disso, sua alma seria julgada. O morto tinha de provar para Osíris e para 42 juízes o seu direito de ascender à eternidade.

Bem-vindos a Duat, o submundo dos egípcios!

Anúbis, guardião do mundo subterrâneo, conduzia o morto até o local do julgamento, **na sala das duas verdades.**

Colocava-se em um dos pratos da balança o **coração** e, no outro, uma pluma da verdade, da deusa **Maat.**

Tot, deus da sabedoria, anotava o resultado.

O **equilíbrio** da balança indicava a verdade e a dignidade do defunto. Se isso ocorresse, ele seria merecedor da **vida eterna.**

Hórus apresentava o defunto a **Osíris**, juiz supremo dos mortos e pai de Hórus. Com uma máscara de ouro sobre o rosto, o homem se **tornava imortal.**

Se a balança se desequilibrasse, seu coração era maligno. **Ammit**, uma mistura de crocodilo, leão e hipopótamo, **o comeria**, condenando o defunto a viver no submundo.

LIVROS FUNERÁRIOS

Para superar essas provas tão difíceis, **o defunto** dispunha de vários **livros com instruções** detalhadas: textos sobre as **pirâmides**, sobre os **sarcófagos**, *Livro dos portões*, *Livro dos mortos*, *Livro de Amduat*. Uns eram escritos em **papiros**, outros eram gravados **nas paredes e no teto** da tumba.

Era imprescindível ter um desses **livros para ascender à vida após a morte.**

LIVRO DOS MORTOS

Continha **feitiços, fórmulas mágicas** e as palavras certas que deviam ser utilizadas no julgamento de Osíris.

Você sabia que os arqueólogos **recuperaram mais de 25 mil cópias** do *Livro dos mortos*?

PAPIRO DE ANI

Este é um dos melhores exemplares do *Livro dos mortos*. Contém 65 feitiços e sortilégios e mais de 150 ilustrações coloridas. Se for desenrolado, tem um **comprimento de 23,8 metros.**

LIVRO DE AMDUAT

Era uma **espécie de mapa do Duat** e de seus seres. O livro guiaria o morto em sua viagem.

LIVRO DOS PORTÕES

Descrevia cada um dos **perigos e monstros** que perseguiam os espíritos dos mortos.

SILÊNCIO DA VIDA APÓS A MORTE

A ÚLTIMA DESPEDIDA

Tutancâmon morreu quando tinha apenas 19 anos. Sua fama não veio exatamente de seu reinado, mas de sua tumba, onde foi encontrado **o enxoval funerário mais variado e numeroso.**

ABERTURA DA BOCA

Neste rito, um sacerdote **tocava na múmia** ou no caixão em pé com um enxó. Desse modo, **despertava os sentidos** dele na vida após a morte.

ENTRAMOS NA TUMBA DE TUTANCÂMON

É uma das mais famosas. Foi descoberta em 1922 pelo **egiptólogo Howard Carter**, escavada nas rochas do Vale dos Reis, em Luxor.

UM ENXOVAL RICO

Foram necessários mais de dez anos para catalogar os **5 mil objetos encontrados.** Todo esse material está no Museu do Cairo.

BEM ESCONDIDINHOS

A **entrada** ficava **muito escondida**, por isso **se livrou de saques** que, naquela época, eram frequentes nas tumbas egípcias.

RIQUEZA ARQUEOLÓGICA

Graças à variedade de objetos e ao seu **estado perfeito** de conservação, **foram conhecidos** muitos costumes e **aspectos da vida** no Antigo Egito.

A tumba de Tutancâmon, o faraó menino

Mistérios o rodeiam sobretudo por causa **de sua maldição** - dizia-se que **aquele que perturbasse a múmia morreria em pouco tempo.** Em torno da tumba de Tutancâmon, muitas pessoas morreram sob circunstâncias estranhas. Será que a maldição existe mesmo?

CÂMARA MORTUÁRIA

A câmara mortuária era **decorada com pinturas** e fragmentos dos livros funerários.

SARCÓFAGO DE TUTANCÂMON

Continha três caixões, um dentro do outro, com forma humana, que eram decorados com belos desenhos e escritas funerárias.

MÚMIA DO REI

Era enrolada em **treze camadas de linho.** Entre as dobras dos tecidos foram encontrados **143 joias e amuletos.**

UM ROSTO PARECIDO

A famosa **máscara funerária** de Tutancâmon era feita **de ouro, pasta de vidro e pedras preciosas.** Representava a cara do defunto.

BARCAS FUNERÁRIAS

Em muitas tumbas eram encontradas estas barcas. Acredita-se que serviam para viajar pela vida eterna com mais facilidade.

SHABTI

Significa "**aqueles que respondem**". São pequenas **estátuas,** feitas de cerâmica, madeira ou pedra, deixadas na tumba de defunto.

DENTRO DA PIRÂMIDE
VOCÊ GOSTARIA DE VISITAR?

É BEM FÁCIL SE PERDER POR LÁ

Uma **rede de passagens e armadilhas** dificultava o acesso às câmaras, onde ficava o corpo do faraó.

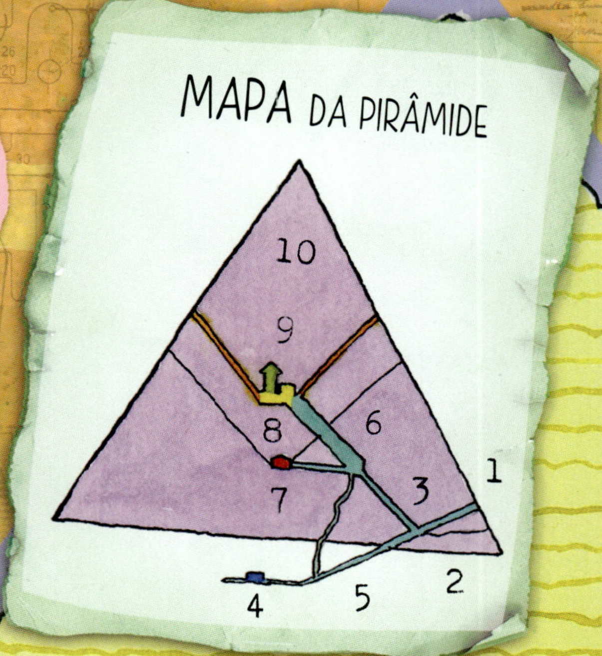

Sabia que eram tão imensas que dentro caberiam **cinco catedrais**?

10. CANAIS DE VENTILAÇÃO

Dois **dutos estreitos** e inclinados que partem de cada uma das câmaras reais.

6. GRANDE GALERIA

É uma ampla passagem ascendente, de 47 metros de comprimento e 8 metros de altura, que se comunica com as três principais câmaras interiores.

TECNOLOGIA

Graças a novas técnicas de escaneamento, cada vez são descobertos mais segredos das pirâmides.

4. CÂMARA DO CAOS

Dizem que não está terminada e que ali, **a 35 metros abaixo do solo**, o corpo do faraó descansaria, mas logo se arrependeram e o colocaram mais para cima.

8. CÂMARA DO REI

Aqui **descansava a múmia do faraó.** Em uma das paredes, havia uma abertura pequenina, que funcionava como telescópio. Por ali dava para **ver as estrelas que guiariam o faraó em sua viagem para a eternidade.**

9. CÂMARA DE DESCARGA

Cinco câmaras, separadas por blocos de granito. **Sustentava** todo o peso **da cúpula** da pirâmide.

7. CÂMARA DA RAINHA

Apesar do nome, nunca foi sepultada rainha alguma.

2. TÚNEL DE AL-MAMÚN

O califa Al-Mamún **tentou entrar** na Grande Pirâmide. Como **estava bloqueada** por imensos blocos de granito, **ele construiu este túnel,** por onde as pessoas entram atualmente.

1. ENTRADA BLOQUEADA

3. ARMADILHAS PARA LADRÕES

CUIDADO!

Ao mover as rochas que ficam no túnel de entrada, poderiam cair pedras enormes na sua cabeça.

5. GALERIA DESCENDENTE

TRÊS PIRÂMIDES EM GIZÉ

Levam o nome dos faraós Quéops, Quéfren e Miquerinos. Foram construídas no Império Antigo, entre 2613 e 2498 a.C.

OUTROS TIPOS DE TUMBAS EGÍPCIAS

MASTABAS

São as tumbas mais antigas. A câmara funerária onde se colocava o caixão **ficava debaixo da terra.** O acesso era por meio de um corredor.

HIPOGEUS

São mais seguros! Para evitar os furtos, no Novo Egito, as tumbas começaram a ser **cavadas em rochas,** como a de Tutancâmon.

NASCE A ESCRITA
UMA INVENÇÃO MAGNÍFICA!

HÁ CERCA DE 5 MIL ANOS
Nasceu a escrita. Um documento por escrito tinha muito mais valor do que mil palavras faladas.

Esse feito marcou o fim da Pré-História e o começo da História.

PARA QUE ERA USADA?

Para **registrar diferentes assuntos**, como as trocas de mercadorias, o dono das terras, as mudanças do nível do rio etc. Aqui estão alguns exemplos.

Documentos e leis

Época de plantio e de colheita

Aumento do nível do rio

Textos funerários

A escrita nasceu em várias civilizações ao mesmo tempo.

Diferentes povos criaram **diferentes sistemas de signos**. Um dos primeiros de que se tem registro é o da escrita cuneiforme da Mesopotâmia.

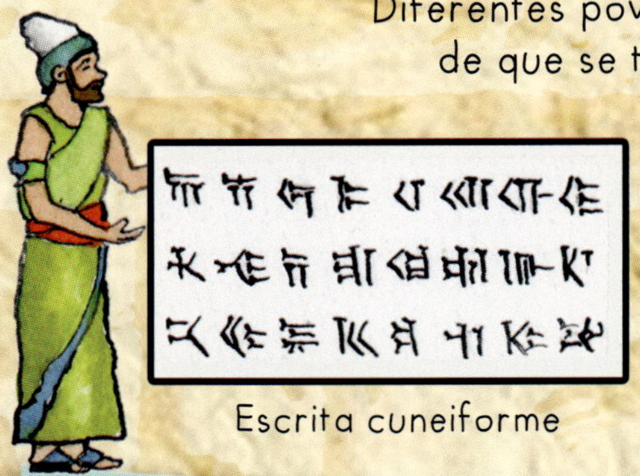

Escrita cuneiforme

Pictogramas maias

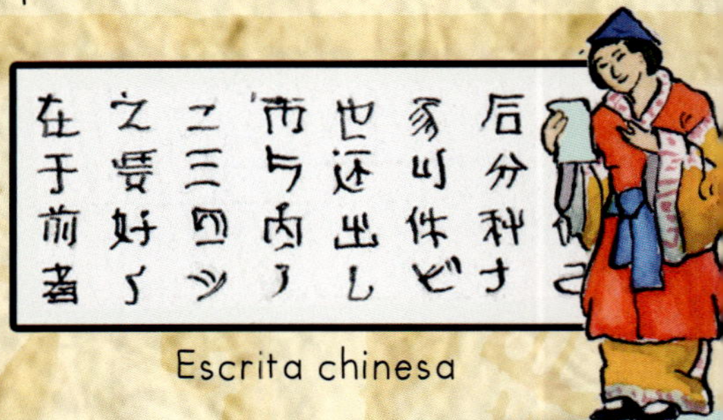

Escrita chinesa

A EVOLUÇÃO DOS HIERÓGLIFOS
A escrita hieroglífica tinha **8 mil pictogramas**! Representava pessoas, animais, plantas e objetos. Era muito complexa; por isso, posteriormente, criaram escrituras mais simples.

HIERÁTICA E DEMÓTICA
Eram escritas simplificadas e mais rápidas de se escrever.

OS ESCRIBAS

Uma casta especial

Era difícil conquistar essa profissão; era transmitida de pai para filho.

Eram encarregados de **registrar, contabilizar e copiar** todos os textos escritos. Trabalhavam em todos os departamentos do Estado e tinham muito poder. **Saber ler e escrever** lhes proporcionava uma ferramenta muito importante!

MATERIAIS USADOS POR UM ESCRIBA

PAPIRO
Era fabricado a partir de uma **planta que nascia no rio Nilo.**

CASAS DA VIDA
Nessas **escolas superiores**, as pessoas estudavam por muitos anos. Aprendiam o código escrito, matemática, leis, geografia, astronomia, religião etc.

PIGMENTOS
O **preto** era obtido do carbono; o **vermelho-terra**, do ferro oxidado; o **branco**, do calcário.

PALETA E CÁLAMOS
Para poder pintar e escrever.

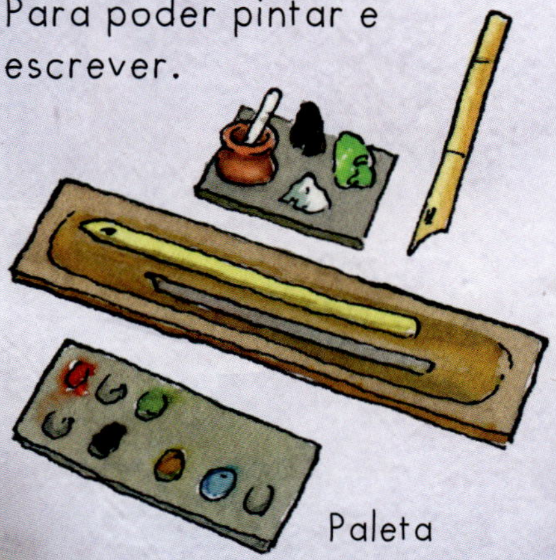

Paleta

ESCREVIAM EM...
... pedras, argila, papiros, couro e tábuas de madeira. Estas últimas podiam ser apagadas, limpadas e reutilizadas.

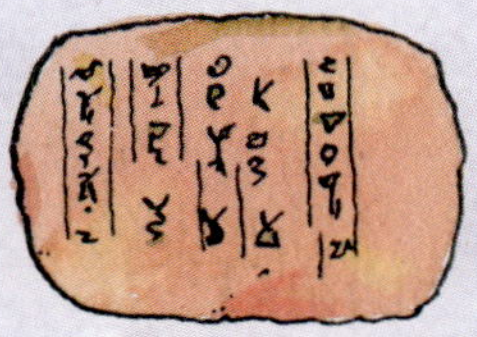

Cerâmica

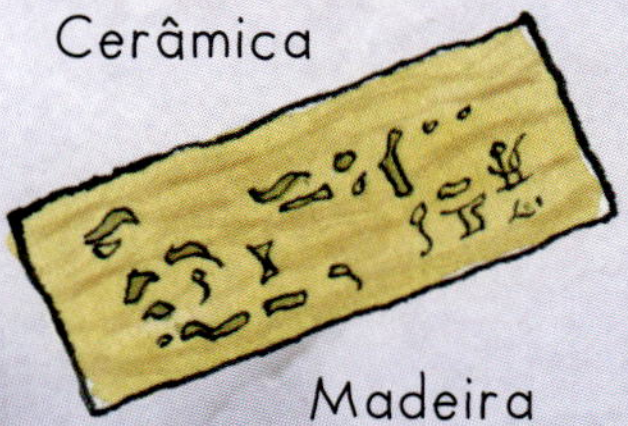

Madeira

ÓSTRACOS
Eram fragmentos de pedra ou cerâmica quebrada usados como rascunho.

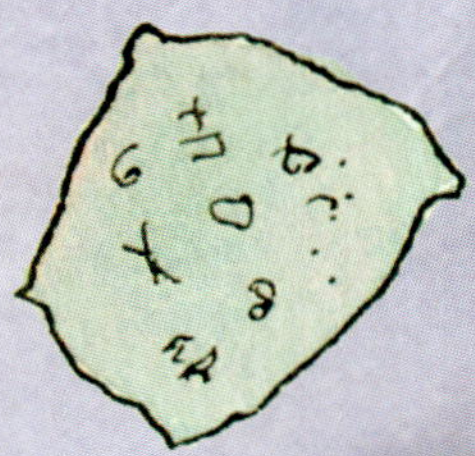

Óstracos

ENFIM, UM ALFABETO!

Os fenícios criaram o primeiro **abecedário**, com base na escrita cuneiforme dos egípcios. O nosso alfabeto é derivado dele.

A PEDRA DE ROSETA

Foi a **chave** para entender os hieróglifos. É um monolito do rei Ptolomeu V que contém **escritas em três línguas:** hieróglifo, demótico e grego clássico. Quem o decifrou foi o estudioso Jean-François Champollion.

Hieróglifo

Demótico

Grego

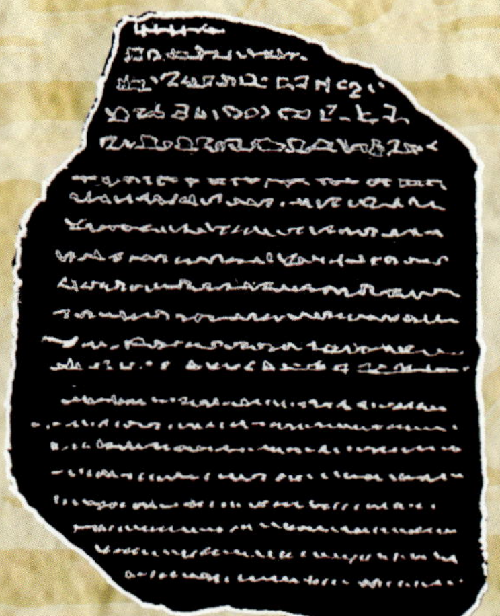

A ESCOLA EGÍPCIA

O CONHECIMENTO ERA UM LUXO

Era reservado para poucos que estudavam muito.

CASA DE INSTRUÇÃO

As crianças **iam à escola** elementar desde os **5 anos**. Era como o Ensino Fundamental de hoje. Aprendiam a ler e a escrever, além de estudarem **matemática** e os costumes de seu povo.

PRIVILEGIADOS

Ler e escrever não era fácil. Ainda que, em teoria, a escola fosse para todos, só os **filhos de escribas, oficiais ou sacerdotes** costumavam frequentá-la. Era preciso ter muito dinheiro para estudar!

AS AULAS

Eram ministradas **em templos** e, às vezes, **na rua**. Os diretores eram sacerdotes.

REPETIR COMO PAPAGAIOS

Havia um silabário que os alunos **recitavam de cabeça.** Copiavam os textos muitas e muitas vezes para saber com perfeição.

MELHOR EM CASA

Uma grande parte da **educação** dos meninos e das meninas acontecia **na família.**

Os meninos aprendiam o ofício dos pais.

As meninas aprendiam dança, música e tarefas domésticas.

COMPORTE-SE!

A disciplina era muito rigorosa, e quem não prestasse atenção recebia um grande castigo!

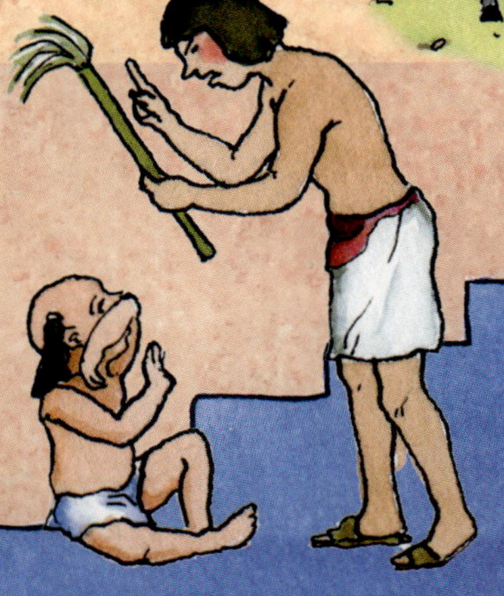

VOCÊ PODE DECIFRAR!

A escrita é como um **código secreto:** um sistema de signos e regras para transmitir mensagens.

A CHAVE

Por exemplo, se você conhece os signos que formam a palavra "SOL", você pode **ler a palavra** e decodificar a mensagem.

É assim que se representa o **Sol nascente** no Egito.

LETRAS E HIERÓGLIFOS

Os hieróglifos eram desenhos que **representavam ideias ou objetos**, e não sons, como as nossas letras.

QUE BAGUNÇA!
A frase abaixo está codificada.

rS TAty mAA.f Hr.s

"Então você ouvirá este segredo."

Nesse tipo de escrita **não havia pontos nem vírgulas**. As palavras e as frases não se separavam. Além disso, era possível escrever em qualquer direção.

GOSTARIA DE ESCREVER SEU NOME COM HIERÓGLIFOS?

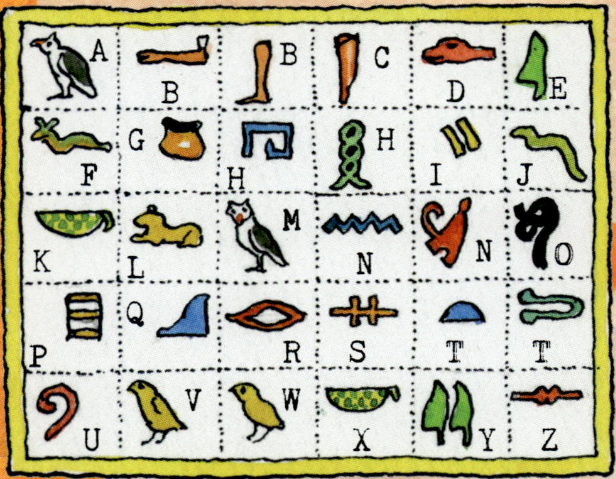

CALCULANDO!

Os egípcios dominavam a matemática. Adições, subtrações, ângulos e superfícies... sabiam resolver perfeitamente.

NÚMEROS DO EGITO

Os números eram bem interessantes. Será que era divertido somar e subtrair?

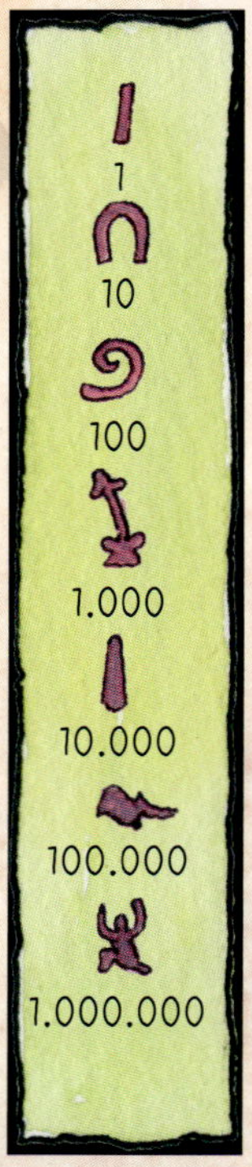

DO QUE BRINCAVAM as crianças?

As brincadeiras não eram tão diferentes das atuais: jogavam **boliche** e faziam competições de força, como **puxar corda.**

Bola

Hóquei

Pião e dados

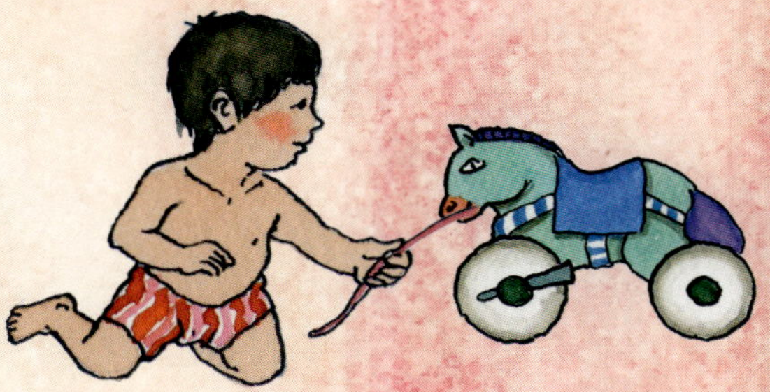

O cavalo e as bonecas de madeira são lindos!

Também havia **jogos de tabuleiro**, como o jogo da serpente...

Senet

UM POVO MUITO SÁBIO
CIÊNCIA E MAGIA

Os egípcios sempre valorizaram muito o estudo das ciências, muitas vezes misturado com magia e arte. Chegaram a ter um **nível bem alto de conhecimento.**

VAMOS ESTUDAR!

Estudiosos de outros povos como os gregos e os romanos, iam às **escolas de sabedoria** egípcias para conhecer a ciência e seus mistérios.

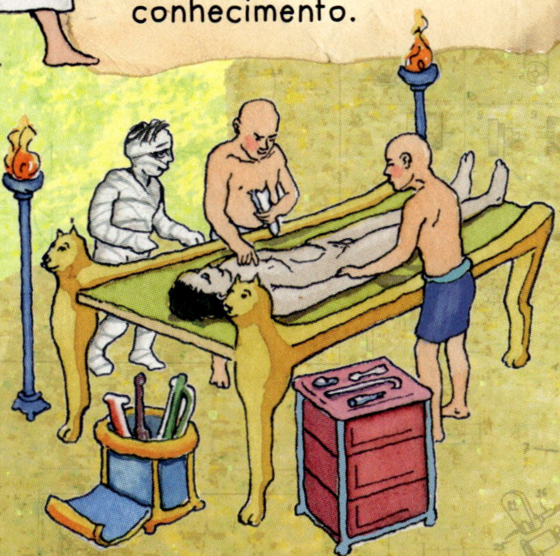

MEDICINA EGÍPCIA

Eles conheciam muito bem o corpo humano, graças à mumificação. Havia **médicos especialistas** para cada parte do corpo.

IMHOTEP

O primeiro médico da História.

Foi tão brilhante que se tornou o **deus da medicina.**

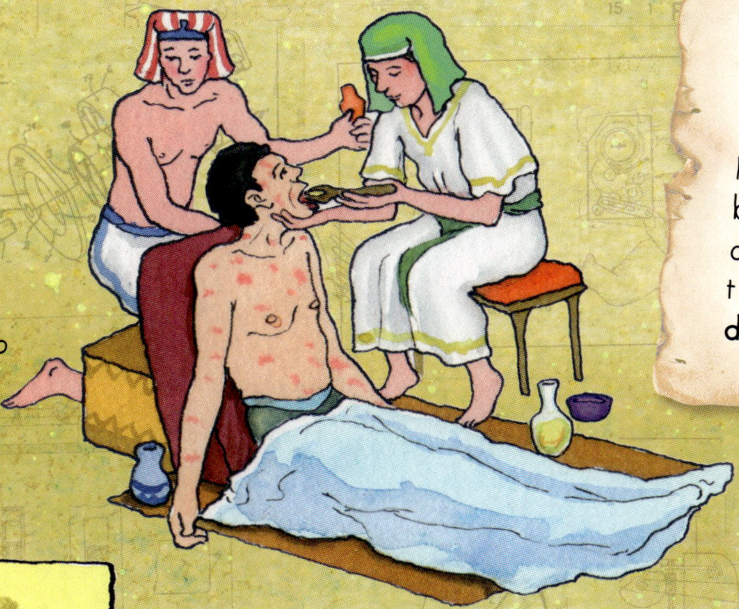

A MEDICINA COMO MAGIA

Andavam de mãos dadas, mas não era mágica como a entendemos agora, para fazer as coisas aparecerem ou desaparecerem e, sim, uma **magia religiosa** para **enfeitiçar** os deuses.

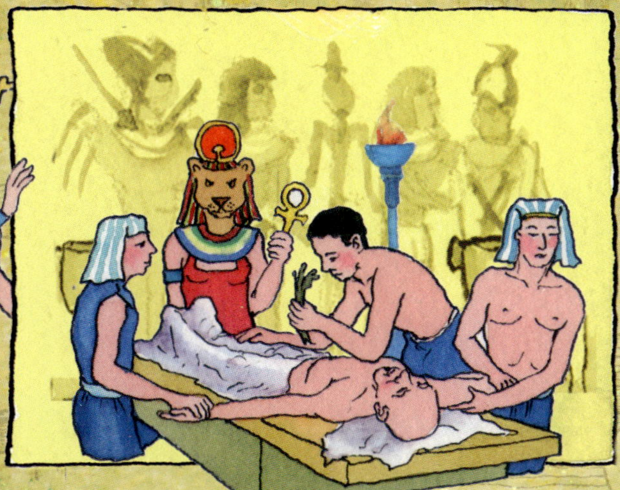

PARA CURAR

Utilizavam **medicamentos, feitiços e outros remédios.** O médico estudava o corpo e preparava uma fórmula de cura. O mago recitava os feitiços.

Usavam papiros e tratados médicos. Também **amuletos e estatuetas** protetoras para prevenir os males.

SEKHMET, DEUSA DOS MÉDICOS

Essa deusa com cabeça de leoa podia propagar a doença e a morte, mas também as podia curar.

REMÉDIOS MÁGICOS... ECA!

Eram feitos com cocô de crocodilo, hipopótamo e gado. Acreditavam que, assim, afugentavam a doença.

MATEMÁTICA

Dominavam com perfeição muitas operações. Isso lhes permitiu criar **fórmulas e teorias** para solucionar diversos problemas.

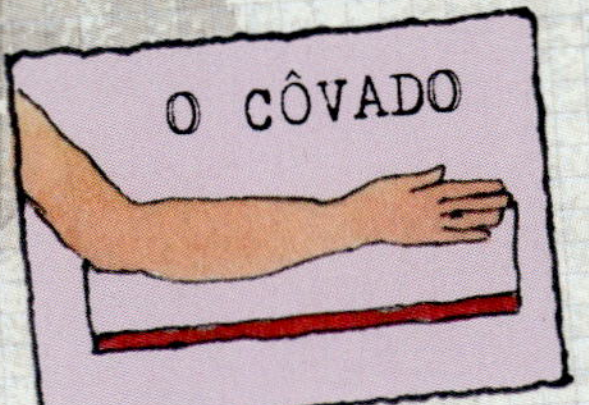

Era a **unidade de comprimento** mais usada.

SUPERFÍCIE E VOLUME

A necessidade de marcar todo ano as delimitações dos campos levou-os a ter "na ponta dos dedos" **geometria** e instrumentos de medição...

ASTRONOMIA E CALENDÁRIOS

CONTANDO OS DIAS

Os egípcios descobriram que as estrelas levavam 365 dias para dar uma volta completa no céu. Esse ciclo seria um ano. **O calendário deles** tinha 12 meses de 30 dias cada. **Quase igual ao nosso!**

Era uma das culturas mais sábias da Antiguidade.

LUA

Sabiam das fases da Lua e fizeram um calendário lunar.

Além disso, eles usavam as **estrelas** para a **navegação.**

ALQUIMIA

Era domínio dos sacerdotes. Os alquimistas **produziam unguentos** para curtir peles de animais, fabricar vidro, cosméticos e todo tipo de remédio.

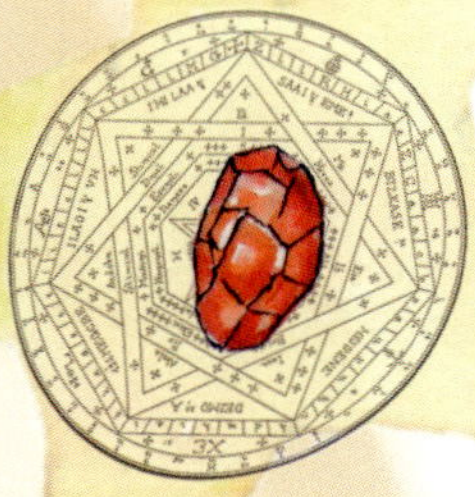

E também **substâncias mágicas**, que, segundo a crença deles, curavam, rejuvenesciam e até os tornavam imortais.

Já ouviu falar da **pedra filosofal?**

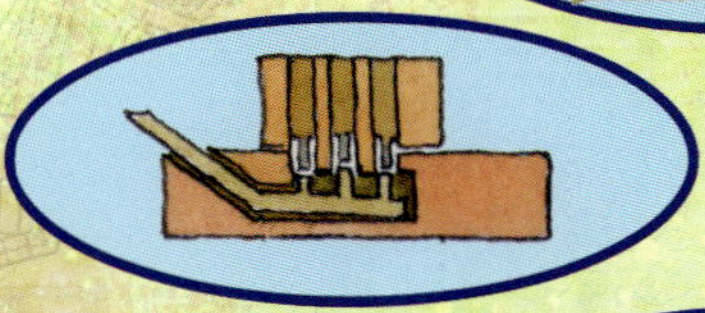

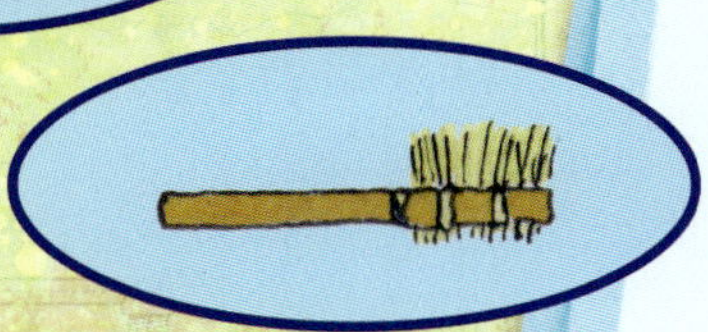

OS FARMACÊUTICOS utilizavam cebola, alho, mel, mirra e minerais, como chumbo, cobre e antimônio.

INVENÇÕES EGÍPCIAS

- **O prumo**, para marcar as linhas verticais.
- **Os primeiros relógios** de sol e de água, chamados clepsidras.
- **A fechadura** com chave.
- **A escova e a pasta de dentes.** Usavam as fibras de ramos de árvores. Melhoravam o hálito com mirra e canela.

UMA PIRÂMIDE DESIGUAL

COMO ERA A SOCIEDADE?

Os habitantes do Antigo Egito **não tinham igualdade de direitos e de oportunidades.** Uns gozavam de muitos privilégios, enquanto outros não tinham direito algum.

NOBREZA
Alguns eram parentes do faraó e outros, governantes de províncias. Tinham terras, riquezas e **muitos privilégios.**

SACERDOTES
Responsáveis pelo **culto aos deuses** e por cuidar dos templos. Formavam uma classe privilegiada e tinham muitíssimo poder.

ESCRIBAS
Eram muito cultos e trabalhavam como **secretários do faraó.** Escreviam os documentos de todos os atos públicos, recolhiam os impostos, contabilizavam as colheitas etc.

COMERCIANTES
Compravam e vendiam produtos do império e de outras terras. Além disso, comercializavam animais e escravos.

CAMPONESES
A maior parte do povo se dedicava à agricultura. Encarregavam-se de tarefas do campo: semear e colher, abrir canais de irrigação, estradas etc.

As classes sociais tinham diferenças muito claras.

FARAÓ
Considerado **um deus humano**, tinha **poder absoluto** sobre o povo. Era dono de todas as terras e da vida de seus súditos.

ASSIM SE CONFIGURAVA A DESIGUAL PIRÂMIDE DA SOCIEDADE DO ANTIGO EGITO.

ALTOS FUNCIONÁRIOS
Profissionais com muito estudo. Cumpriam funções importantes na sociedade: administravam a justiça, eram conselheiros do faraó, entre outras.

SOLDADOS
Encarregados da **defesa** do país e da **conquista** de novos territórios. Lutavam pelo faraó e protegiam as fronteiras.

ARTESÃOS
Havia uma grande variedade de ofícios artesanais: escultores, ferreiros, pedreiros etc. Organizavam-se em associações.

ESCRAVOS
Eram a **casta inferior:** estrangeiros, prisioneiros de guerra das terras conquistadas. **Não tinham nenhum direito.** Eram vendidos como se fossem mercadoria.

OS FARAÓS
HOMENS-DEUSES

Os faraós eram semideuses. Tinham poder absoluto. Até acreditavam que dominavam os fenômenos naturais, como a luz do sol e a chuva.

REFRESCANTE
Os serviçais do rei o abanavam com plumas de avestruz.

Sempre levavam consigo **o cetro e o chicote**, símbolos de seu poder.

É assim que se escreve "**faraó**" em hieróglifos.

Significava "casa grande", "palácio".

COROAS E CHAPÉUS

A FAMÍLIA REAL

Tinham **muitas esposas**, mas sempre havia uma favorita, que recebia o título de **rainha**. Seus filhos podiam **herdar** o trono.

A GRANDE SALA

A **sala do trono** era a mais importante e era decorada com lindas pinturas. Nela, o faraó **tratava dos assuntos de estado** e recebia todo tipo de notícias e petições.

O dia a dia

O RITUAL DA MANHÃ

O faraó oferecia uma cerimônia aos deuses, queimando incenso.

QUE TRABALHÃO!
O faraó tinha muitas tarefas para realizar. Governar e proteger o país não era nada fácil!

A VIDA NO PALÁCIO

COMO EM UMA CIDADE

Eram **imensas construções** com jardins, lagos, terras para andar e caçar, quartos públicos e particulares...

A COMUNIDADE DO PALÁCIO

Além do rei e de sua família, **conviviam** altos funcionários, amas de leite, servos, escribas, conselheiros etc. Todos com suas respectivas famílias.

Que venham as festas!

MUITAS VISITAS!

Todos os que visitavam o faraó lhe entregavam **presentes e oferendas.**

Governantes regionais

Comandantes militares

DINASTIAS FARAÔNICAS

Ao longo de 3 mil anos, houve cerca de 30 dinastias. Muitos homens e poucas mulheres.

HATSHEPSUT

Era uma mulher que usava roupa de homem e uma barba falsa.

AQUENÁTON

Mudou a capital do Império e o culto aos deuses, que passou a ser a um único deus: **Aton.** É possível que seja o pai de **Tutancâmon.**

RAMSÉS II

Era chamado de **"o Grande".** Trouxe paz e prosperidade e fez construções magníficas. Tinha muitas esposas e 130 filhos!

CLEÓPATRA

Foi a última rainha do Antigo Egito. Subiu ao trono com apenas 17 anos.

BEM-VINDOS À CIDADE!

A VIDA EM DEIR EL-MEDINA

Entre o rio Nilo e o deserto, em terrenos altos e rodeada por uma muralha, foi construída **Deir el-Medina**.

Aqui viviam os trabalhadores do **vale dos Reis** e suas famílias:

artesãos, carpinteiros, padeiros, oleiros e todo tipo de comerciantes e lojistas.

BAIRROS DE TRABALHADORES

As ruas eram de terra e muito estreitas, para que permanecessem sempre na sombra. Não tinham ordem, nem manutenção.

VIAGENS EM CADEIRAS
Esta cadeira tão vistosa chama-se **liteira**. Os criados transportavam nela o senhor rico para ir às compras.

TOC, TOC... QUEM É?
Esta era a porta da cidade, a única entrada. Era sempre vigiada e ficava fechada à noite, para que os ladrões não entrassem.

ECA, QUE SUJEIRA!
Jogavam o **lixo** na rua, onde os animais o comiam, ou em lixões fora da cidade.

CASAS POPULARES

Eram pequenas e com apenas um andar, e os quartos ficavam uns atrás dos outros, unidos pelas paredes e telhados. Eram construídas com tijolos de adobe.

BAIRROS DE RICOS

Os nobres viviam mais longe, com sua família e seus servos, escribas, sacerdotes e soldados.

Suas casas eram mais luxuosas e tinham jardins.

MÓVEIS

Eram escassos. Os nobres podiam se permitir ter cadeiras, camas, baús, mesinhas.

NA COBERTURA

Quando fazia muito calor, passavam mais tempo na cobertura: cozinhavam, comiam, trabalhavam e até dormiam! As crianças corriam por todos os telhados.

JANELAS

Não tinham vidros, nem cobertura. Costumavam ser altas para entrar ar e para evitar poeira e moscas. Assim, os quartos ficavam frescos.

SILOS

Estas construções funcionavam como **celeiros** de trigo ou depósitos para a colheita.

ÀS COMPRAS!

Nas **barracas**, vendia-se de tudo: móveis, artesanato, peixes, pão e até servos! Os lojistas geralmente moravam em cima de suas lojas.

CULTIVOS E PRODUTOS
ABUNDÂNCIA NO ANTIGO EGITO

Os egípcios sabiam aproveitar muito bem todos os **recursos** que o Nilo lhes oferecia. Praticavam **agricultura**, **caça** e **pesca**. Além disso, criavam gado e trocavam produtos com outras regiões.

OS MAIS RICOS DO MUNDO

O Antigo Egito se tornou um dos impérios mais ricos de sua época.

COMER E BEBER NO ANTIGO EGITO

Os **alimentos básicos** da dieta egípcia eram o pão e a cerveja (acessíveis a toda a população), além de legumes, verduras e tâmaras.

Às vezes comiam **ovos de avestruz**, depois usavam as cascas como vasilhas.

HMMM, BOLOS DELICIOSOS!

Os bolos **eram adoçados** com tâmaras, mel e uvas-passas. Às vezes eram ingeridos como remédio.

BEBIDAS

Além da **cerveja**, alguns bebiam **vinho** e **shedeh**, uma bebida feita com romã.

LINHO

Era utilizado para fabricar fios e cordas. Seus talos em flor davam **os melhores tecidos.**

FLORES

Eram cultivadas para decorar e fabricar cosméticos. As mais conhecidas eram **a flor-de-lótus e a do papiro.**

MEL

Era muito valorizado pelos egípcios. Utilizavam como **alimento, remédio e oferenda** aos deuses.

Em todos os banquetes... os faraós se entretêm.

TRAGAM AS BANDEJAS!

Os nobres comiam **carnes de todo tipo:** vaca, porco, ovelha, ganso, codorna e até mesmo antílope.

Também comiam **diferentes pães** com tâmaras, figos e sementes, frutas e verduras variadas, leite, queijo, vinho e cerveja.

Nem todos comiam a mesma coisa.

Os **camponeses** só comiam carne de caça e peixe. Raramente tinham leite e queijo.

Os **artesãos** comiam carne de cabra, ovelha e porco, e, às vezes, bebiam vinho.

GADO

Criavam cavalos, vacas, bois, cabras, ovelhas, porcos e burros.

Utilizavam o gado para **tarefas agrícolas** e consumiam a carne, a gordura, o leite e a lã.

CRIAÇÃO DE AVES

Tinham aves de curral: gansos, patos, pombos e cisnes.

PÃO, VINHO E CERVEJA

DA NATUREZA À MESA

PÃO

Era feito com **trigo**.

O pão e a cerveja eram os **alimentos básicos** de qualquer egípcio. Eram preparados nas cozinhas comuns e em locais especializados: padarias e cervejarias.

1. Primeiro moíam o cereal e peneiravam a farinha.

2. Acrescentavam água e levedura de cerveja.

3. Depois, **preparavam a massa** adicionando frutas secas, passas, sementes, mel, leite ou ovos para dar sabor.

4. Os recipientes de terracota eram **aquecidos** e **enchidos** com a massa preparada.

5. Havia mais de **20 tipos de pães** com diferentes ingredientes e diferentes formatos:

circulares, cônicos, alongados e até com formas de animais. Às vezes, faziam pães **sem fermento**, que pareciam tortas mais duras.

A partir do **Império Novo**, utilizavam o forno para cozinhar o pão.

VINHO

SAÚDE!

O vinho era uma **bebida** de luxo no Egito, muito mais cara que cerveja.

1. Colhiam as uvas e as pisoteavam.

2. Seu suco era mantido em ânforas (jarras) até que fermentasse.

CERVEJA

A bebida preferida dos egípcios vinha da Babilônia. Era barata e abundante, por isso todos podiam bebê-la. **Era fabricada com cevada e espelta** (trigo-vermelho) de forma artesanal ou em grande escala.

1. Com o grão moído e água, faziam **uma massa.**

2. Colocavam no forno. A casca devia ficar dourada, mas o interior ficava úmido. O **pão de cerveja** estava pronto.

3. Era colocada em um **vaso enorme** e coberta com um líquido preparado com água e tâmaras **para fermentar.**

4. O cervejeiro entrava no vaso e pisava na mistura até que ela ficasse **homogênea.**

5. Os pedaços maiores de pão de cerveja eram **peneirados.**

6. Após uns dias, já estava bem fermentado.

7. A cerveja era conservada e transportada em ânforas fechadas com uma rolha de palha e argila.

QUALQUER HORA ERA HORA

Bebiam no campo, a bordo dos barcos, em festas e nos banquetes dos faraós etc.

USOS DIVERSOS

Além de servir como bebida, a cerveja era utilizada como remédio, em cerimônias religiosas e como produto de beleza para as mulheres.

VINHO NA MARGEM DO NILO

3. Separavam **as cascas e as sementes** do vinho fermentado com uma prensa.

4. Eram mantidos em **recipientes lacrados** com barro, nos quais havia pequenas aberturas para que os gases da fermentação saíssem.

5. Quando a **criação** era finalizada (no máximo em 21 anos), as aberturas eram seladas, e o vinho ficava totalmente isolado do exterior até ser consumido.

Assim como fazemos atualmente, eles anotavam no recipiente o ano da colheita e o local de fabricação.

VESTUÁRIO DO DESERTO

MODA FRESCA

DIGA-ME COMO SE VESTE...
A roupa era de qualidade melhor ou pior, **dependendo da condição social**. Além disso, diferenciavam-se com ornamentos, joias, maquiagem, perucas e estampas.

O clima seco e quente do Egito lhes permitia usar **roupas frescas e leves**.

Vestes...

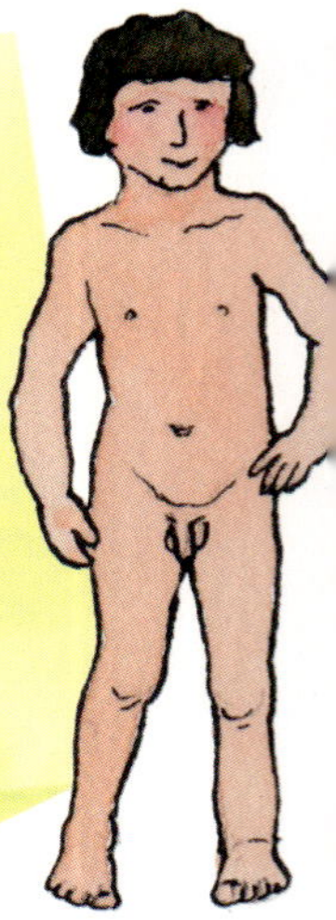

TECIDOS

Em geral, eram de linho. Também usavam **algodão** e, às vezes, **lã**.

SEM VERGONHA
Consideravam a **nudez** algo **natural**; não tinham pudor de andar sem roupas.

HOMENS
O **chanti** era uma saia usada por homens de qualquer condição social.

Túnica

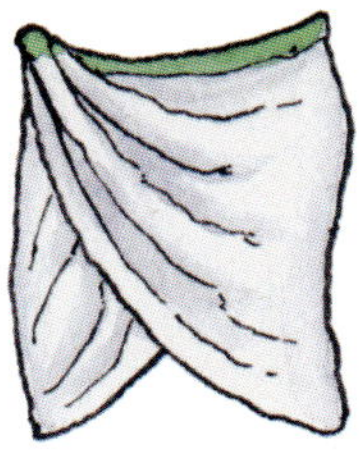

Chanti

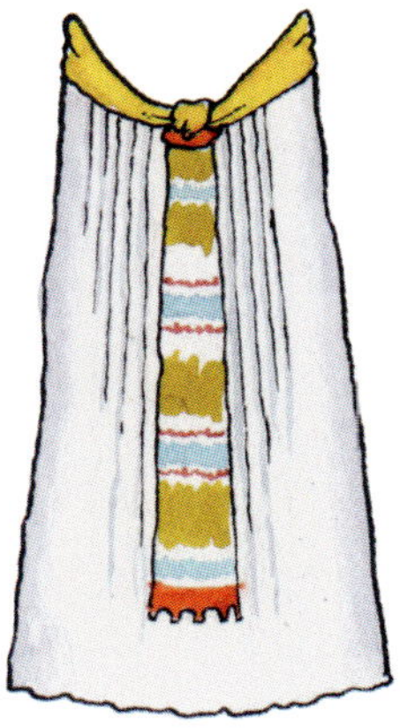

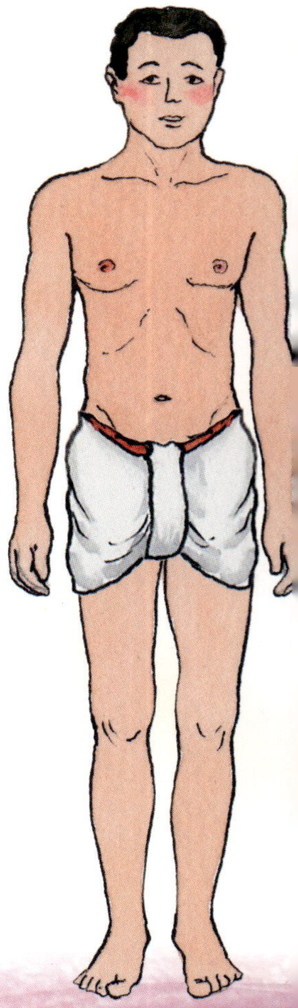

SEM CABELOS

Os antigos egípcios **raspavam a cabeça** por higiene e saúde.

Touca

Os homens também usavam uma touca feita com um lenço quadrado.

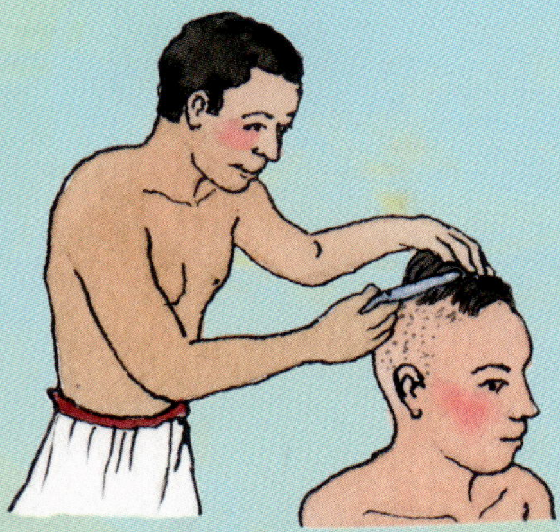

Perfumador

PERUCAS

As perucas eram parte fundamental da vestimenta, tanto para homens como para mulheres. **Eram feitas** com cabelo natural, crina de cavalo e fibra vegetal.

PERFUMADOR
Eram cones de resina perfumada que derretiam no calor.

SEM SAPATOS

Em geral, os egípcios ficavam descalços. Usavam calçados apenas em casa ou em ocasiões especiais.

SANDÁLIAS PARA TODOS OS GOSTOS
Homens e mulheres usavam sandálias feitas de materiais diversos.

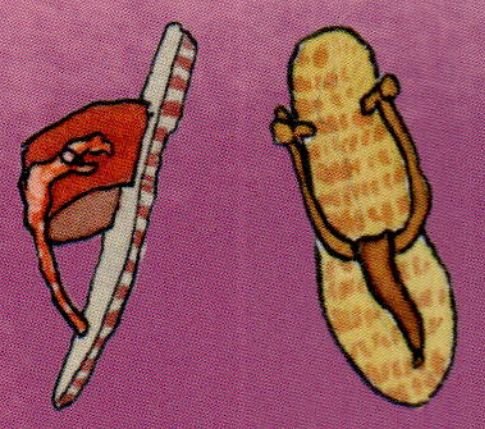

CUIDADOS COM O CORPO

Os egípcios da Antiguidade eram muito vaidosos. Consideravam o corpo algo muito belo e digno de **receber todo tipo de cuidados.**

ENFEITES...

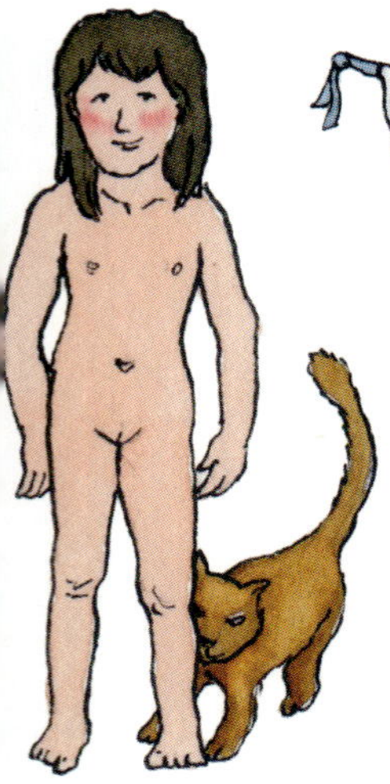

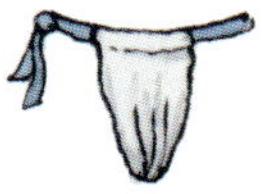

CRIANÇAS

Muitos ficavam nus ou usavam apenas **tangas.**

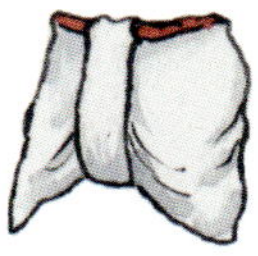

Tanga

MULHERES
Em geral, usavam uma túnica comprida chamada **kalasiris.**

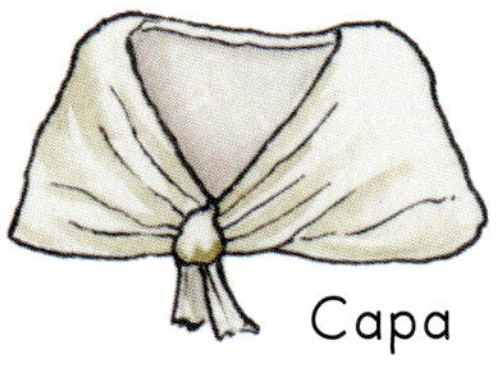

Capa

Também usavam uma **capa curta** para cobrir os ombros.

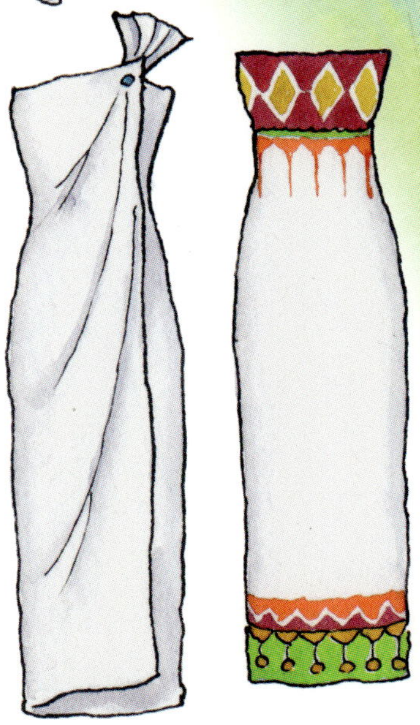

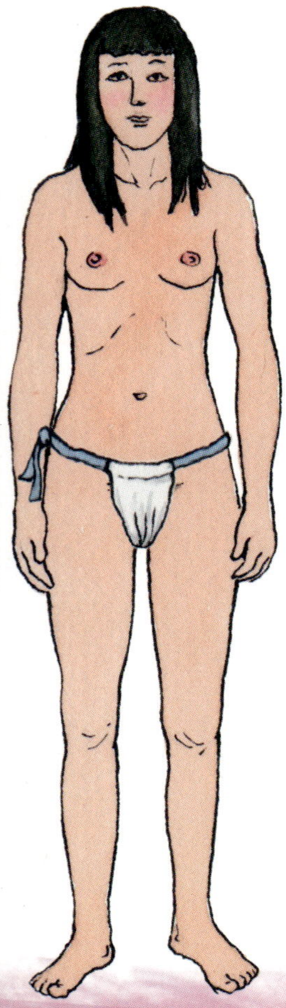

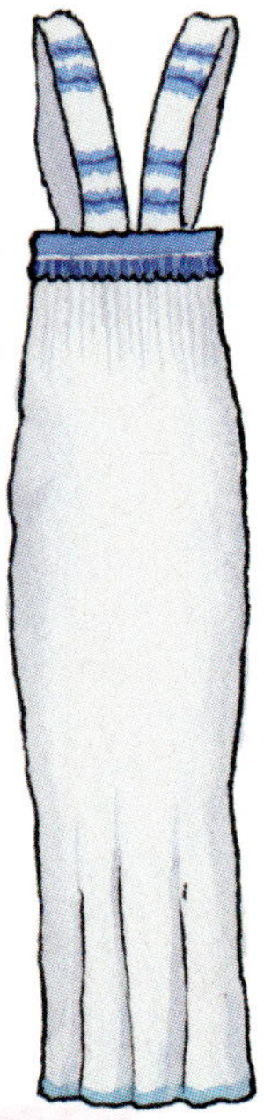

Kalasiris

Também usavam um conjunto de peças separadas.

MAQUIAGEM

Foi um dos povos que mais praticaram a arte da maquiagem. Desenvolveram óleos, **kohl**, pomadas vermelhas para os lábios, pós para as bochechas, colírios etc.

KOHL

O kohl ou kajal era um pó feito de uma pedra chamada **galena.** Era usado para cuidar das pálpebras e protegê-las do sol.

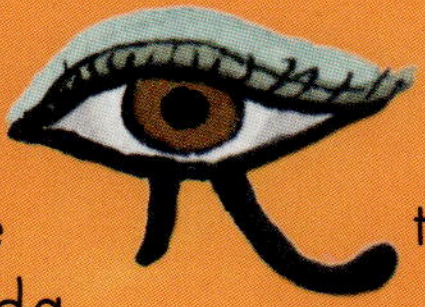

HENNA

Usada para tatuar as mãos e as unhas. Só as mulheres de baixa condição social o faziam.

SÃO USADOS ATÉ HOJE!

ENFEITES E JOIAS

Eram utilizados especialmente pelos ricos. Os camponeses usavam enfeites mais simples.

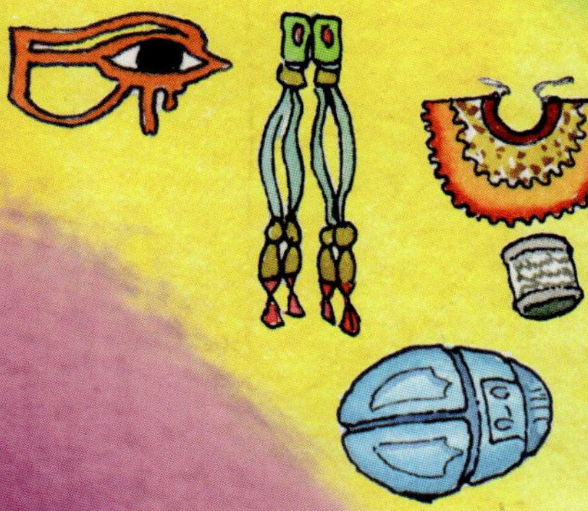

FLORES E PERFUMES

Transformavam as flores em **pastas perfumadas e essências** para o corpo e para as perucas.

UMA ARTE CHEIA DE VIDA
ARQUITETURA, PINTURA, ESCULTURA...

A arte do Antigo Egito **é muito atraente para o público atual**. Suas obras, complexas e belíssimas, são repletas de histórias, mitos e lendas.

Ao longo de sua história, a arte egípcia evoluiu muito, contudo manteve-se esse **estilo único** e elegante.

POR ENCOMENDA
A maioria das obras eram coletivas e foram feitas em imensas oficinas onde trabalhavam milhares de pessoas. **Os principais clientes eram os faraós.**

Todos ao trabalho!

ESCULTURA
Representava deuses e faraós. Servia para que eles fossem adorados em suas formas físicas pela população.

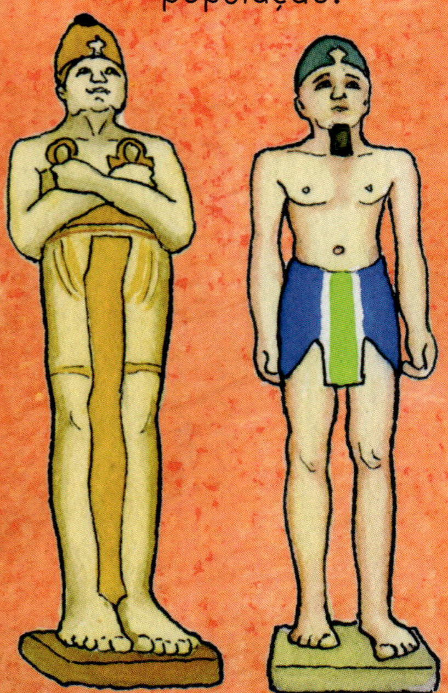

TRABALHO EM EQUIPE
Arquitetos, engenheiros, artistas, artesãos, camponeses... todos faziam diversas tarefas: desenhar o projeto, transportar as pedras, esculpir e pintar.

CAMINHO DE DEUS
Para entrar no templo, era preciso atravessar uma avenida de **esfinges**, que os egípcios chamavam de "**dromo**".

OBELISCOS
Eram **monólitos**, esculturas feitas com um único bloco de pedra talhado em forma de pilar.

Baixos-relevos

ARQUITETURA MONUMENTAL

A ARQUITETURA ERA O FORTE DELES! Podemos notar ao ver seus magníficos **monumentos, pirâmides e templos**, tumbas e palácios, cheios de pinturas e esculturas.

TANTO TEMPO!
Trinta faraós ergueram e demoliram recintos e monumentos, de acordo com seus desejos e convicções. **Levaram quase 2 mil anos** para construir o templo de Karnak.

O TEMPLO DE KARNAK

Foi o maior e mais importante do Antigo Egito, um dos melhores exemplos de sua **grandiosa arte**.

Como **construíram** essas obras imensas?

Graças aos seus **conhecimentos científicos** e à **abundância de pedras** fáceis de esculpir. Além disso, eles sabiam organizar o trabalho muito bem.

UM BOSQUE DE PEDRA!

SANTUÁRIO

A SALA HIPOSTILA
Tinha **122 colunas**, algumas tão altas quanto um prédio de sete andares!

PÁTIO

PINTURA

A característica mais marcante é o **cânone de perfil**. Consistia em representar a cabeça, as pernas e os pés de lado, e o tronco e os braços de frente.

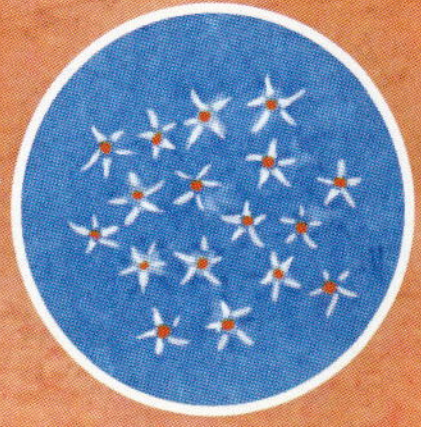

Pintura do teto

Os pintores e escultores decoravam a pedra com relevos e desenhos de **cores bem vivas**.

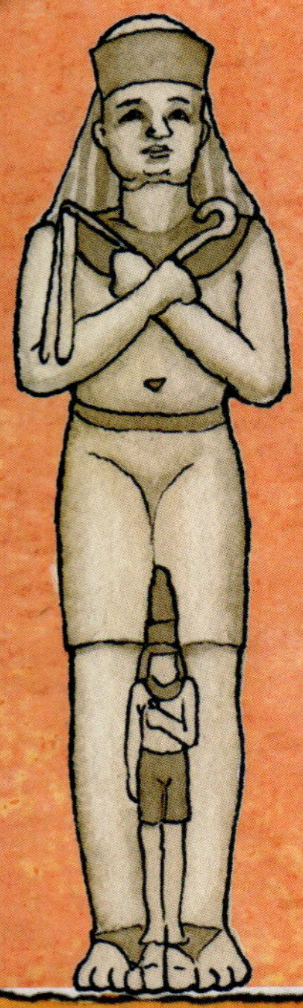

Veja que maravilha! É uma estátua imensa de Pinedjem I. Fica no primeiro pátio. Os escultores trabalharam **de sol a sol** para talhá-lo em pedra.

Pandeiro

Alaúde

Harpa

A MÚSICA

Era tocada principalmente nos templos, em rituais dedicados aos deuses. Além disso, era usada como **remédio terapêutico** em festas e celebrações.